75 Jahre Hanau
19. März 1945 – 2020

… und aus den Trümmern entstand eine neue Stadt

75 Jahre Hanau
19. März 1945 – 2020

… und aus den Trümmern entstand eine neue Stadt

Herausgegeben vom Magistrat der Brüder-Grimm-Stadt Hanau 2020
Fachbereich Kultur, Stadtidentität und Internationale Beziehungen;
Medienzentrum Hanau/Bildarchiv

Redaktion:	Martin Hoppe, Roland von Gottschalck
Fotos:	Franz Weber, Elisabeth Schmincke, Alfred Schröder Karl Dauster, Werner Röder, Roland von Gottschalck Johannes Koltermann, Bernhard Lossow, Heinz Laska
Luftbilder:	Royal Air Force, U.S.-Army Air Force, Axel Häsler
Altstadtmodell:	Günter Jacob
Bildrecherche:	Angelika Schneider-Bergheuer
Gesamtherstellung und Verlag:	Henrich Editionen, ein Unternehmen der Henrich Druck + Medien GmbH, Frankfurt am Main
Layout und Druck:	Henrich Druck + Medien GmbH, Frankfurt am Main, www.henrich.de
Titelbild:	Blick über den Neustädter Markt zum Paradeplatz und Altstadt, Luftaufnahme aus einem Zeppelin von 1930
Rückseite:	Hanaus Innenstadt gleicht einem Trümmerfeld. Nur etwa vier Wochen nach dem letzten alliierten Bombenangriff am 19. März 1945 entsteht diese Aufnahme der U.S. Army Air-Force

ISBN 978-3-96320-042-7

75 Jahre Hanau

19. März 1945 – 2020

… und aus den Trümmern entstand eine neue Stadt

Brüder-Grimm-Stadt HANAU

Henrich Editionen

2020 jährt sich zum 75. Mal die Zerstörung Hanaus im Zweiten Weltkrieg. Am 19. März 1945 flog die britische Royal Air Force ihren finalen Luftangriff gegen die über Jahrhunderte gewachsene Stadt an Main und Kinzig. Über 2.000 Menschen verloren in dem nächtlichen Bombardement ihr Leben. Eine Woche später zog die US-Army in Hanau ein. Am 9. Mai 1945 wurde zwischen dem sog. Dritten Reich und den Alliierten Waffenstillstand geschlossen. Der von Deutschland ausgegangene „totale Krieg", Mord und Tod hatten endlich ein Ende.

Nach Sühnediensten für ehemalige Parteigenossinnen und -genossen der NSDAP wurde im Sommer 1945 ein Ehrendienst zur Trümmerbeseitigung für alle Hanauerinnen und Hanauer ins Leben gerufen. Hunderte Überlebende bargen Tote, räumten oft mit bloßen Händen Schutt und bereiteten Ziegel für den Wiederaufbau der Stadt vor. Die Verdienste der Trümmerfrauen und -männer sind nicht hoch genug einzuschätzen.

Menschen und Bilder erzählen Geschichte(n). Sie tragen die Vergangenheit in die Gegenwart und Zukunft. In Hanau ist mit dem städtischen Bildarchiv im Kulturforum ein wahrer kultureller und gesellschaftlicher Schatz vorhanden. Es ist mit über 300.000 Aufnahmen Hessens größtes kommunales Bildarchiv und somit prädestiniert für einen Blick zurück.

So wird mit diesem Buch versucht, die gewaltige Wiederaufbauleistung einer fast verschwundenen Generation zu würdigen und sie zugleich in das Heute zu transportieren. Erstmals sind Aufnahmen aller bisherigen Stadtfotografen ab 1936 vereint, die ihre Stadt so abbilden, wie sie sich ihnen in ihrer Schaffenszeit zeigte. Aufnahmen des ehemaligen Stadtverordneten und Hobbyfotografen Heinz Laska, die von seinen Kindern an das Bildarchiv übergeben wurden, ergänzen die Fotoreihen.

Die Autoren haben versucht, die alten Standorte der Vorkriegsaufnahmen aufzusuchen, um dort ihre Belichtungen zu machen. Das war nicht immer punktgenau und szenisch getreu zu bewältigen, weil sich über die Jahrzehnte Baulücken schlossen, sich andere auftaten, wieder Neubauten entstanden und so manche Blickachsen nicht mehr sichtbar waren. Trotzdem ist es gelungen, die Stadt vor den massiven Zerstörungen im Bombenkrieg 1944 – 1945, in der unmittelbaren Nachkriegszeit, später beim Wiederaufbau und weiter in den 1970/1980er-Jahren dokumentarisch festzuhalten. Die Doppelseiten zeigen immer eine aktuelle Aufnahme der Bildorte.

Dabei werden zwei große städtebauliche Brüche offenkundig: Der wohl eindrucksvollste ist der Wiederaufbau der Stadt nach 1945. Wohnraum wurde gebraucht und war schnellstmöglich zu realisieren. Eine gänzlich neue Architektur entstand, die mit dem Stadtbild des alten, untergegangenen Hanau nichts mehr zu tun hatte – zu tun haben konnte. Nur Solitär- und Repräsentationsbauten wurden wiederaufgebaut, wie das Deutsche Goldschmiedehaus, das Neustädter Rathaus oder das Frankfurter Tor. Ausgebrannte Gebäude, etwa das Stadtschloss, das Zeughaus oder das Stadttheater standen den damaligen Planern im Weg und wurden abgetragen. Die Ruine der Wallonischen Kirche dient noch heute als Mahnmal gegen Krieg und für Versöhnung.

Der zweite größere städtebauliche Einschnitt begann Anfang des 21. Jahrhunderts mit der Entwicklung der einstigen Kasernenareale im Stadtteil Lamboy-Tümpelgarten mit Beginn der Landesgartenschau 2002 bis hin zur derzeitigen Konversion der Pionier-Kaserne in zivile Nutzung. Prägend für das Gesicht der Stadt ist die Umgestaltung der Innenstadt auf der Achse Schlossplatz, Altstädter Markt, Freiheitsplatz, Neustädter Marktplatz und Französische Allee. Hanau wird in absehbarer Zeit über 100.000 Einwohner/innen zählen. Entsprechend schreitet die Wohnbebauung mit großen Schritten voran. Einige der aktuellen Aufnahmen sind solche mit Baustellen-Einblicken, die sowohl in städtischer wie privater Investoren-Verantwortung stehen. Sie dokumentieren den ständigen weiteren Wandel der Stadt zur Großstadt.

Möge dieses Buch sowohl lebendige Erinnerung als auch umfassende Dokumentation der Wiederaufbauleistung sein, die bis heute nachwirkt. Stadterneuerung zeigt sich dabei als Gemeinschaftsaufgabe, um vitale, attraktive und lebenswerte Städte zu schaffen bzw. zu erhalten.
Der Blick zurück auf die Brüche der Stadtgeschichte mahnt zugleich, dass Krieg und Zerstörung niemals wieder Mittel der politischen Auseinandersetzung sein dürfen.

Ich danke Johanna Leipold und Reinhold Möller sehr für ihre bewegenden Zeitzeugenberichte sowie Roland von Gottschalck, dem derzeitigen Hanauer Stadtfotografen, und Martin Hoppe, Fachbereichsleiter Kultur, Stadtidentität und Internationale Beziehungen, für die Initiative und Umsetzung des Buchprojektes. Dem Verlag Henrich Editionen in Frankfurt am Main sei herzlich gedankt für seine professionelle und gewissenhafte Begleitung wie Drucklegung.

Claus Kaminsky
Oberbürgermeister der Brüder-Grimm-Stadt Hanau

Die Luftaufnahme zeigt die Innenstadt Hanau am 19. März 1945, um 9.15 Uhr im Feuersturm. Über 2.000 Menschen verloren darin ihr Leben. 3.000 Sprengbomben und Luftminen sowie 150.000 Brandbomben waren abgeworfen und begruben das alte Hanau für immer.

Nachdem Rauch und Qualm verzogen waren, offenbarte sich der britischen Luftaufklärung am 21. März 1945 das Ausmaß der Bombardierung. Die Hanauer Innenstadt war zu fast 90 Prozent zerstört. Kaum ein Gebäude, auf dieser um 9.00 Uhr vormittags entstandenen Aufnahme, warf noch Schatten. Am rechten Bildrand ist die Ruine der Wallonisch-Niederländischen Doppelkirche zu erkennen.

Stadttheater 1937

Ruine des Stadttheaters vor dem Abriss 1954

Ruine des Stadttheaters mit Blick aus der Bangertstraße 1954

Y-Hochhaus an der Ecke Bangertstraße 1984

Y-Hochhaus an der Ecke Marktstraße nach der Sanierung 2018

Alte Hohe Landesschule 1945

Neubau Gewerkschaftshaus 1958

Gewerkschaftshaus 1984

Busbahnhof und DGB-Haus, saniert 2019

Alte Hohe Landesschule in der Schirnstraße 1938: Durch einen Brand 1912 hatte sie ihr markantes Dach verloren

Paradeplatz mit Blick nach der Marktstraße 1941

Trümmerbahn – Gleise vor dem zerstörten Central-Theater 1946

Wiederaufbau Central-Theater 1949

Central-Theater der Familie Schlüter 1984

Baustelle über Stein's Tivoli-Theater 2019

Wiederaufbau Wohnquartier 1952

Katholische Kirche Mariae Namen 1939

Mariae Namen 1967

Mariae Namen 1982

Blick zur Kirche 2019

Eckhaus Ramsaystraße 1938

Ramsaystraße / Ecke Bangertstraße 1945

Ramsaystraße, Grundstück Fa. Weißbinder/Maler Bär 1983

Ramsaystraße 2019

Das Gasthaus ‚Zum neuen Rappen‘ in der Großen Dechaneistraße 1930

Große Dechaneistraße

Blick in die Große Dechaneistraße 2019

Ecke Bangertstraße 1945

Metzgerstraße / Ecke Ramsaystraße 1961

Kiosk an der Ecke Ramsaystraße 1984

Hospitalstraße

Blick in die Metzgerstraße 1939

Wohn- und Geschäftshaus 2019

Fassadenmalerei gegenüber dem Altstädter Rathaus 1939

Blick in die Tiefe Gasse 1945

Wiederaufbau Wohnhäuser 1953

Hauszeile an der Westseite 1978

Häuserzeile an der Westseite nach Umbau und Sanierung 2017

Der Altstädter Markt heute. Auf der alten Johanneskirche ist eine symbolische Turmhaube zurückgekehrt 2019

Blick in die heute nicht mehr vorhandene Tiefe Gasse mit der Johanneskirche und ihrem Turmaufsatz um 1939

… mit Brunnen und Blick in die Schlossgasse 1942

… die Trümmerbahn führt am Gerechtigkeitsbrunnen entlang 1947

Das Wohnquartier auf der Westseite 1984

Die Fassadenmalerei zeigt eine Szenerie, wie sie sich direkt gegenüber vor dem Altstädter Rathaus abgespielt haben könnte. Den Bildvordergrund dominiert der 1611 errichtete Gerechtigkeitsbrunnen 1939

... Blick aus der Erbsengasse
mit der gewerblichen Schule
zum Altstädter Markt 1939

Schlossplatz

Ruinen nach den Luftangriffen im Dezember 1944

Wiederaufbau 1953

Schlossplatz-Schule 1984

Karl-Rehbein-Schule 2019

Freigelegtes Fachwerk: Blick durch die schmale Gasse zur Johanneskirche 1942

Das Gotteshaus ist völlig ausgebrannt 1945

Das Gässchen und der Turmstumpf der Kirche 1984 …

… 35 Jahre später mit symbolisiertem Turmaufsatz 2019

Luftbild aus Nordwest: Der Blick geht über das Stadttheater zum Stadtschloss 1935

Luftbild mit Blick über den Busbahnhof, die Marienkirche zum Schlosspark 2019

Der 2017 verstorbene Glasermeister Günter Jacob schuf das einmalige Hanauer Altstadt-Modell im Maßstab 1:87 – hier ein Blick zur Marktstraße und dem dahinter befindlichen Stadttheater um 1939

Die wohl eindrucksvollste Draufsicht auf das Modell mit Blick über die Johanneskirche, das Altstädter Rathaus und die Marienkirche zur alten Hohe Landesschule um 1939

Die Große Dechaneistraße mit der Ruine der alten Hohen Landesschule 1946

Das erste wiederaufgebaute Haus 1954

Parkraum und Quartier 1984

In der Großen Dechaneistraße 2019

Das sogenannte ‚Geibelhaus'
mit freigelegtem Fachwerk 1939

Die alte Volksschule am Johanneskirchplatz 1937

Die zerstörte Schule mit Blickrichtung stadtauswärts 1945

Neuaufbau der Pestalozzi-Schule 1953

Die Pestalozzi-Schule 1984

Die neue Turnhalle vor der Schule 2019

Der Schlossplatz mit dem Kanzleigebäude (rechts) und dem Blick stadteinwärts zur Ecke Erbsengasse 1937

Schlossplatz

Baustelle für den Wiederaufbau des Quartiers (im Hintergrund sind die Giebel des Goldschmiedehauses sichtbar) 1952

Bezugsfertige Schlossplatz-Schule 1957

Der Schlossplatz im Winter 1983

Der Schlossplatz mit beginnender Sanierung des Quartiers 2019

Zerstörungen nach den Luftangriffen im Dezember 1944

Badergasse vor Umbau und Sanierung 2004

Neu aufgebautes Quartier mit Marienkirche, noch ohne Turm 1953

Kleinteiliges und beengtes Wohnen war
in der Hanauer Altstadt eher die Regel 1939

Badergasse 2019

Kanzleigebäude, der Fürstenbau des Stadtschlosses und die Stadthalle am Ausgang der Altstadt 1939

Stadtschloss und Stadthalle sind völlig zerstört 1945

Die Stadthalle wird wieder aufgebaut 1949

Stadthalle mit gastronomischem Anbau ‚Hanauer Stubb' 1974

Congress Park Hanau 2006

Die völlig ausgebrannte Johanneskirche am Johanneskirchplatz 1945

Das ehemalige Gotteshaus wird wieder aufgebaut 1956

Der Blick aus der Schulstraße über die Ramsaystraße zum Turm der Johanneskirche, der über Jahrhunderte das Bild der Hanauer Altstadt dominierte 1938

Die alte Johanneskirche, jetzt Verwaltungssitz und Begegnungsstätte der evangelischen Kirche in Hanau 2019 – die symbolische Turmhaube wurde 2012 aufgesetzt

An prominenter Stelle des Altstädter Marktes erinnert das Altstädter Rathaus (ab 1942 Deutsches Goldschmiedehaus) an herausragende Handwerksmeister, die diesem Bau sein einmaliges Erscheinungsbild verliehen 1939

US-Army-Soldaten fotografieren sich vor der Ruine des Hauses 1952

Der Wiederaufbau in der einstigen Fachwerk-Bauweise 1955

Ansichtskarte mit dem Goldschmiedehaus 1964

… und fast der gleiche Fotostandort 2017

Neustadt

Luftbild der Neustadt Hanau mit einem Anflug aus Südwest: Das Bild zeigt die von Glaubensflüchtlingen nach Plan erbaute Neustadt mit ihrer Wallonisch-Niederländischen Doppelkirche und darüber den Marktplatz mit dem Neustädter Rathaus. Der Blick geht über den Paradeplatz zur Hanauer Altstadt um 1930

Luftbild der Neustadt, ebenfalls mit Südwest-Anflug 1972: Von der Doppelkirche im Bildzentrum ist nur der kleinere, ehemals niederländische Teil wieder aufgebaut, Marktplatz und Freiheitsplatz schließen sich nordwärts an

Anflug aus Südwest 2019: Der Blick führt nordwärts über das ‚Kinopolis' (unten) die Wallonisch-Niederländische Kirche, den Marktplatz (mit Wochenmarkt) zum Forum am Freiheitsplatz und schließlich nach der Altstadt

Hammerstraße / Ecke Paradeplatz mit Blick auf das Ufa-Kino ‚Apollo' 1941

... und was davon übrig blieb 1945

Wiederaufbau der Geschäftshäuser mit Blick zum Kaufhaus Hansa 1953

‚Haus der tausend Notwendigkeiten – Weltkugel' 1976

Hammerstraße mit Blick nach Süden, mit Ufa-Kino und links daneben das Verlagshaus des Hanauer Anzeigers 1944

Blick in die Fußgängerzone Hammerstraße 2019

Die Graf-Philipp-Ludwig-Anlage mit dem Röhrenbrunnen auf der Südseite des Platzes mit Blick Richtung Fahrstraße 1936

Die Anlage mit östlicher Blickrichtung zur Rosenstraße 1945

... und Blick gegenläufig in Richtung Hammerstraße mit dem Wiederaufbau der Geschäftshäuser und des sogenannten ‚Kamm-Hauses' 1958

Das ‚Kamm-Haus' mit dem Schwanenbrunnen von Albrecht Glenz 1984

Saniertes ‚Kamm-Haus' (rechts) und das ‚Forum' links im Bildanschnitt 2019

Blick über die Nordstraße mit Resten der Altstadtmauer zur ehemaligen Kaserne, die im sog. Dritten Reich u.a. Sitz der Gestapo war, 1945

Die Ostseite des Platzes mit Busbahnhof und Behördenhaus 1954

Blick von der Südseite über den Kiosk nach dem Finanzamt 1970

Der Blick nach Osten mit Busbahnhof 2019

Rosenstraße / Ecke Langstraße mit Blick nach Osten 1944

Das Eckgrundstück an der Langstraße mit Blick nach dem Freiheitsplatz 1945

Vier Jahre später nehmen auch hier die Geschäftshäuser neue Gestalt an 1949

Die Gastwirtschaft ‚Frikadellche' im Eckhaus Langstraße 1966

Das Wohn- und Geschäftshaus Ecke Langstraße mit einem Café 2019

Das Eckgrundstück zur damaligen Kirchstraße mit dem Gasthaus ‚Zum Krahnen', Blickrichtung Osten 1944

Eckhaus an der Lautenschlägerstraße mit Gasthaus ‚Zum Krahnen' 1984

... und mit italienischer Gastwirtschaft 2019

Zum Krahnen

Kirchstraße / Ecke Schnurstraße mit Metzgerei Bruder – der Blick geht westwärts zur Wallonisch-Niederländischen Kirche 1939

Kirchstraße / Lautenschlägerstraße

Wiederaufbau Wohn- und Geschäftshaus Fa. Nudel-Grein 1949

1984 erhebt sich auf dem Eckgrundstück ein Büro- und Geschäftshaus

Das Eckgrundstück fast unverändert 2019

Rosenstraße / Ecke Nürnberger Straße 1959

Ruinen in der Rosenstraße – Suche nach Habseligkeiten 1945

Rosenstraße / Ecke Nürnberger Straße 1984

Rosenstraße / Ecke Nürnberger Straße: Geschäfts- und Wohnhaus von Hüte-Kuppinger 1939

Vor dem Eckhaus befährt die ‚Hanauer Märchenbahn' die Nürnberger Straße 2019

Die Einkaufsstraße mit Blick nach Osten, stadtauswärts auf das ‚Kaufhof-Warenhaus' an der Ecke Hirschstraße 1944

Die einstige Flaniermeile ist völlig zerstört, das ‚Kaufhof-Warenhaus' nur noch Ruine 1945

Rechts und links der Straße regt sich schnell der Aufbauwille vieler Geschäftsleute – im alten ‚Kaufhof' werden wieder Kunden empfangen 1949

Die Einkaufsmeile 1984, der ‚Kaufhof' ist an den Marktplatz gerückt und im Bildhintergrund steigt das ‚Europa-Haus' in die Neustädter Luft

… der gleiche Blick in die Fußgängerzone 2019

Symbolbild totaler Zerstörung im Bombenkrieg – nur der alte Pumpenstock blieb stehen 1945

Blick vom alten ‚Kaufhof' in die Sandgasse nach dem Ballplatz 1948

Straßenbau an der Ecke zur Sandgasse mit dem Strumpf-Fachgeschäft Jäger 1949

Das Geschäft der Fa. Jäger ist gewachsen und befindet sich an der Stelle, wo einst der Pumpenstock über die Trümmer ragte 1976

Das Eckhaus ‚Zum goldenen Kamm' an der Sandgasse mit dem bekannten italienischen Eissalon ‚Venedig' 1942

Das Eckhaus 2019

Nürnberger Straße

Im Gemeindehaus der zweiten, ab 1933 verfolgten und gänzlich ausgelöschten jüdischen Gemeinde, befand sich das Ritualbad (Mikwe) 1939

Blick von der Ecke Leimenstraße stadtauswärts 1945

Geschäftshaus Fa. Laudemann 1984 …

… mit ‚Family-Apotheke' 2019

Die vom Architekten Carl Cost entworfene evangelische Christuskirche 1938

Die Christuskirche nach einem Luftangriff 1944

Christuskirche und Ehrensäule 1964

Christuskirche 2019

Trauerhalle und Krematorium des Hanauer Hauptfriedhofs 1940

Ruine der Trauerhalle von Osten her gesehen 1945

Opfer der Luftangriffe werden notdürftig begraben 1945

Ruine der Trauerhalle am Haupteingang 1946

Trauerhalle und Krematorium 1956

Gedenkstein für die Opfer des Zweiten Weltkrieges 1968

Pforte der Trauerhalle nach der Sanierung 2014

Das Ehrenfeld für die Opfer der Bombenangriffe und die Gefallenen des Zweiten Weltkrieges 2019

Das neu gestaltete Ehrenmal für alle Getöteten der Bombenangriffe auf die Stadt Hanau mit individualisierter Namensliste 2018

Reinhold Möller über seine Erlebnisse um den 19. März 1945

Reinhold Möller (rechts) und sein Bruder Josef mit Großvater Heinrich Möller um 1944

Ich bin Jahrgang 1939 und habe wirklich noch nachhaltige Erinnerungen an diese Zeit. Zuerst denke ich immer an die Flugzeuge, die Hanau überflogen. Manchmal waren es deutsche Jäger, manchmal Aufklärer und auch englische Bomber, die in großer Höhe unterwegs waren, um eine andere deutsche Stadt anzugreifen. Mein Bruder und ich versuchten dann immer, herauszubekommen, welche Flugzeuge das sein könnten.

Wir wohnten in der damaligen Adolf-Hitler-Straße, heute Gustav-Hoch-Straße, im Hause meines geliebten Großvaters – meine Mutter und wir zwei Brüder – der Vater war im Felde. Großvater war für mich, nicht nur seiner Größe und Stattlichkeit wegen, unser Fels in der Brandung. Er war gelernter Maurer und hatte fast für alles eine Lösung parat. Um ihn formierten wir uns als Familie, was uns guttat.

Auf unserem großen Grundstück waren wir, was Gemüse, Kartoffeln und Obst anging, Selbstversorger und unsere herzensgute Mutter gab immer gerne an die Nachbarschaft ab. Eigentlich war alles so, wie man es sich als Kind wünscht. Wäre da nicht dieser verdammte Krieg gewesen, hätte es immer so weitergehen können.

Der erste heftige Einschnitt in unser Idyll ereignete sich Weihnachten 1944. Mein Onkel Heinrich war auf Fronturlaub zu Hause und hatte wohl auf seiner Heimreise viele durch Bomben zerstörte Städte gesehen. Er kam eiligst mit einem Vorschlag ins Haus, der unserer Sicherheit dienen sollte. Noch in der kurzen Zeit seines Urlaubs wollte er auf unserem Grundstück eine Art sicheren Bunker errichten, weil er befürchtete: ‚Glaubt mir, es geht erst noch richtig los mit dem Bombenkrieg'. Und es fühle sich eben besser an, einen standfesteren Unterstand zu haben, als nur den Keller. Da Steine für solch ein Vorhaben in dieser Zeit nur sehr schlecht zu bekommen waren, hatte mein Onkel eiligst begonnen, die Steinwand eines alten Brunnens abzumauern, um sie für den Bunker verwenden zu können. Dabei hatte er aber nicht an seine Absicherung gedacht. In einem ungünstigen und kurz unbeobachteten Moment stürzte die Brunnenwand zusammen. Sie begrub Onkel Heinrich. Als wir den Unfall erfassten, war etliche Zeit vergangen. Wir versuchten, den Onkel so schnell es ging zu retten. Es misslang. Der so hilfsbereite Onkel konnte nur noch tot geborgen werden. Er starb, weil er uns schützen wollte. Das hat mich sehr bewegt. Auch der Umgang meiner tief religiösen Eltern mit diesem unwiederbringlichen Verlust ist mir in lebendiger Erinnerung.

Einer weiteren Begebenheit erinnere ich mich. Als im Sommer 1944 wieder Bomber über der Stadt unterwegs waren, gelang es deutschen Jägern oder der Flak, eines dieser Flugzeuge abzuschießen. Er stürzte über den Dächern in Richtung des alten Licht- und Luftbades an der Brucknerstraße hinunter. Mein Bruder und ich wollten sofort hinlaufen, um zu sehen, was geschehen war. Wir kamen aber nicht einmal in die Nähe, alles war umgehend abgesperrt. Wir wurden mit Nachdruck nach Hause befohlen.
Beim Großangriff am 6. Januar 1945 verzeichneten wir drei Treffer kleinerer Kaliber auf unserem Grundstück, die auch tiefe Krater rissen. In der Innenstadt hingegen gab es heftigste Bombenschäden und viele Tote.

Der Angriff am 19. März, in aller Frühe, sollte zerstörerischer sein. Wir saßen im Keller, den Bunker hat es ja leider nie gegeben und unser schönes Haus zerbarst über uns. Mein Bruder hatte seine Füße unter ein Bettgestell geklemmt. Dann wurde die Kellerdecke eingedrückt und bröckelnder Schutt fiel direkt auf das Bett, mein Bruder wurde darunter verletzt. Durch die Wucht der Detonation war ein Stück der Kellerwand nach innen gedrückt worden, was uns nach dem Angriff einen Fluchtweg erhielt und wir so lebend aus dem Keller kriechen konnten. Beim Heraussteigen verlor ich einen Schuh, der zwischen den brennenden Steinen hängenblieb. Ich wollte ihn unbedingt wieder haben. Meine Mutter fuhr mich an, den Schuh zu lassen, wo er war. Ich kletterte noch mal in den Schutt, an den Flammen vorbei und holte mir trotzig den Schuh zurück.

Merkwürdigerweise gab es zwar weitere Zerstörungen, aber nur an sechs Häusern auf unserer Seite der Straße, stadteinwärts. Davor und dahinter waren die Häuser intakt und der nahe Beethovenplatz auch. Je näher man der Stadt gelangte, desto größer waren die Bombenschäden.

Die Zerstörungen im direkten Innenstadt-Gebiet waren verheerend. Als wir Tage später in die Altstadt kamen, stand dort, außer einem Haus in der Steingasse, keine einzige unbeschadete Immobilie mehr. Man konnte tatsächlich durch die Altstadt hindurchsehen. Hier gab es auch die meisten Todesopfer. Ich war froh, dass meine Familie relativ glimpflich davongekommen war. Schon bald baute der Großvater uns auf dem Grundstück das erste Notquartier auf, in dem wir Unterschlupf fanden. Heute wohne ich noch immer an diesem Ort und erinnere mich oft an die Zeit meiner Kindheit.

Adolf-Hitler-Straße Nr. 50 – das Möller'sche Haus um 1940 (heute Gustav-Hoch-Straße)

Johanna Leipold, geb. Hestermann, über ihre Erlebnisse um den 19. März 1945

Die Angestellte am Stadttheater Hanau - Johanna Hestermann 1943

Ich habe bis zur letzten Spielzeit 1944 als damals 23-jährige städtische Angestellte in der Intendanz unter Anton Ludwig am Hanauer Stadttheater gearbeitet. Die letzte Oper, die in unserem Haus gegeben wurde, war ‚Fidelio' von Beethoven. Zusätzlich habe ich mich damals als freiwillige Helferin beim Roten Kreuz ausbilden lassen. Wir waren oft zum Bahnhofsdienst abgestellt, haben die Durchreisenden versorgt, Verwundete gepflegt und neu verbunden oder entkräfteten Flüchtlingen Trost gespendet. Ich habe das gern gemacht, helfen und da sein für andere Menschen.

Ich war die jüngste von sechs Geschwistern und wuchs im Gutzkow'schen Haus in der Kesselstädter Hintergasse auf. Meine ältere Schwester hatte 1939 geheiratet. Ihr Mann fiel bereits im Jahre 1941. Das hat meine Schwester nie verwunden und sie schied freiwillig aus dem Leben. Drei meiner Brüder waren schon im Ersten Weltkrieg und hatten Schreckliches erlebt und überlebt. Zwei davon mussten auch im Zweiten Weltkrieg ins Feld. Nach ihrer Rückkehr war der eine davon wegen seiner Parteimitgliedschaft verpflichtet, Trümmer aus den Ruinen beiseitezuschaffen. Ein Mithelfer, der unmittelbar vor ihm bei dieser Arbeit eingesetzt war, warf einen größeren Stein nach hinten, der meinen Bruder direkt am Kopf traf und ihn so schwer verletzte, dass er daran starb.

Es war am 5. Januar 1945: Mein 75-jähriger Vater kam mit seinem Handwagen und einem Zentner Kohle, die er auf Bezugsschein erhalten hatte, vom Hafengelände zurück und musste wegen einer Sperrung der Philippsruher Allee einen Umweg in Kauf nehmen. In Höhe der Kaiser-Teiche explodierte plötzlich ein Blindgänger, der meinen Vater in den Tod riss. Früher waren wir eine so große Familie. Wenn wir am Sonntag alle am Tisch saßen, war unsere Stube immer voll. In der Nachkriegszeit, da gab es nur noch meine Mutter, eine Schwester und mich.

Ich stellte mir damals oft vor, wenn ich die Bombenflieger am Himmel sah: Da fliegen doch Menschen mit ihrer tödlichen Fracht und wissen, mit nur einem Knopfdruck öffnet sich der Bombenschacht über einer schlafenden Stadt, um Tausende Leben auszulöschen. Ist das nicht grausam?

Ich schlief in der Nacht auf den 19. März 1945 schlecht, war unruhig und wachte immer wieder auf. Da hörte ich einen Aufklärungsflieger über uns, der mehrmals wiederkehrte. Ich dachte halb verschlafen, wenn der jetzt eine Bombe, hier direkt über uns abwirft, da kann man nichts, aber auch gar nichts machen. Nur zwei Stunden später waren wir alle im Schlafe aufgeschreckt, die Fensterscheiben barsten, unsere schwere Haustür war herausgedrückt und heftigste, donnernde Einschläge waren zu hören. Wir fragten uns, was das denn sei, es hatte ja keinen Alarm gegeben?

Wir sind dann schnell in unseren Keller gerannt. Das Gebrumm am Himmel hörte nicht auf. Immer mehr Bomber zogen über uns hinweg, direkt nach dem Stadtzentrum. Und dann ging es richtig los: Schlag auf Schlag, immer, immer und immer wieder. Es ist wirklich nur schwer zu beschreiben. Fast eine halbe Stunde lang, eine gefühlte Ewigkeit bebte die Stadt.

Wir hatten Order, bei Luftangriffen sofort in die Dienststelle des DRK, die in einer Baracke an der Nussallee untergebracht war, zu kommen, um von dort aus eingesetzt zu werden. Als es etwas ruhiger wurde, einzelne Detonationen waren immer noch zu hören, verließ ich über die nun völlig herausgefallene Tür das Haus und wollte zur Nussallee gelangen, kam aber nicht weit. Es war völlig unmöglich, dorthin zu kommen. Direkt hinter der Hellerbrücke begann die Hölle.

Über dem Stadtzentrum lag ein gelblich-roter Feuerschein, in dicken und stickigen Rauch gehüllt. Ich werde an der Hellerbrücke Augenzeuge des Untergangs meiner Stadt. Aus dieser Feuersbrunst kam ein Strom von Menschen direkt auf mich zu. Verletzte Menschen, Frauen barfüßig und spärlich bekleidet mit weinenden Kindern an der Hand, völlig verstaubt und verdreckt. Männer und Greise, verstört, entgeistert und völlig apathisch, liefen durch den undurchdringlichen Qualm in das wenig getroffene Kesselstadt.

Dann sanken diese Menschen, die dem Inferno entkamen, auf den Mainwiesen zusammen. Ein Bild des Grauens und der Hoffnungslosigkeit. Diesen Anblick und das Wehklagen vergesse ich nie, während hinter mir das alte Hanau für immer niederbrannte. Einige meiner Mitschwestern vom Roten Kreuz waren mittlerweile auch dort eingetroffen. In der Geibel-Schule wurde ein Notlager eingerichtet. Wir hatten an diesem und an den folgenden Tagen die Aufgabe, so gut es ging, diesen Menschen zu helfen und sie zu versorgen.

Krieg ist das Schlimmste, was es geben kann. Ich bin ein ausgesprochener Kriegsgegner.

Bushaltestelle am Heumarkt mit Blick zum Hotel ‚Riesen' 1939

Heumarkt

Römerstraße / Ecke Heumarkt 1945

Heumarkt / Ecke Römerstraße 1964

… dieselbe Blickrichtung 1984

Der Heumarkt 2019

Kanaltorplatz mit Blick nach der Herrnstraße 1945

Das wiederaufgebaute Quartier mit ‚Posthotel' und Gasthaus ‚Onkel Willi' 1964

Tiefbauarbeiten am Kanaltorplatz 1984

Kanaltorplatz mit Blick zum Hotel ‚Residence' 2019

Der damalige Horst-Wessel-Platz mit Blick zum Hotel ‚Lindenhof' an der Ecke Herrnstraße / Krämerstraße 1944

Hotel und Restaurant ‚Riesen' an der Ecke Krämerstraße 1943

Was 1945 vom Hotel übrig blieb

Neubeginn mit Gasthaus und Baustelle für das neue Hotel 1961

Das Haus mit ‚Wienerwald‘ -Gastronomie 1983

Aufgestockt und renoviert – das Hotel Trip Inn ‚Zum Riesen‘ 2019

Reste des ehemaligen Hotels ‚Adler' an der Ecke Steinheimer Straße 1945

… werden abgebrochen, um Platz für Neues zu schaffen 1954

Die Neubebauung 1976

Römerstraße / Ecke Steinheimer Straße 2019

Das erste Haus am Platze: Hotel ‚Adler' Ecke Steinheimer Straße 1944

Frankfurter- / Ecke Langstraße: ‚Haus zum fliegenden Pferd‘ mit Glaserei Wilhelm Kaiser 1940

Ruine in der Langstraße 1945

Beginnender Wiederaufbau 1962

Innenstadt-Parkhaus ‚Am Frankfurter Tor' 1974

Neu bedacht und farblich akzentuiert: das Parkhaus ‚Am Forum' 2019

Das zerstörte Torhaus aus der Frankfurter Straße 1945

Der Wiederaufbau eines der Wahrzeichen Hanaus beginnt 1953

Das fast fertiggestellte Torhaus von der Nussallee her gesehen 1957

Frankfurter Torhaus mit Auffahrt zum St. Vinzenz-Krankenhaus 2019

1722 erbaut – das Frankfurter Tor an der Frankfurter Straße / Ecke Brückenstraße 1937

Nussallee / Ecke Hospitalstraße mit Blick in die Hainstraße 1944

Blick stadteinwärts nach der Johanneskirche 1945

… dieselbe Blickrichtung 1949

Lackfabrik Schadt an der Ecke Nussallee 1984

Neubau des Wohnquartiers ‚Schwan' 2019

**Die Hanauer Vorstadt mit Blick stadteinwärts,
im Bild links: Elisabethenhaus
der Barmherzigen Schwestern zu Fulda 1936**

Kleine Hainstraße – Umzug am Gasthaus ‚Zum goldnen Schwan' 1944

Kleine Hainstraße 1984

Neu erbautes Quartier ‚Kinzigblick' 2019

TAPETENHAUS
Hugo Henkel
Tel. 3811
DUNLOP

45
Giessen 63 km

Die Kinzigbrücke mit Blick stadtauswärts nach der Frankfurter Landstraße 1944

Von der Kinzigbrücke zur neuen Johanneskirche 1984

... und gleicher Blick 2019

Hanauer Vorstadt / Ecke Nussallee 1944

Noch unverputzter Wiederaufbau mit Gasthaus ‚Zum goldenen Löwen' und Fa. Fahrrad Ruppel 1964

... 20 Jahre später dieselbe Blickrichtung 1984

Die Kreuzung Nussallee aus der Hospitalstraße 2019

Blick aus der Hospitalstraße stadtauswärts zur Vorstadt mit dem Gasthaus ‚Zum goldenen Löwen‘ Ecke Nussallee 1944

Lacke Pinsel

Mühlstraße

Blick stadteinwärts vom Sandeldamm in die Mühlstraße 1944

Völlige Zerstörung auch hier: Das Quartier gleicht einem Trümmerhaufen 1945

Der Blick in die Mühlstraße 1976

... und 43 Jahre später vom Sandeldamm aus gesehen 2019

Ecke Französische Allee – der Blick geht über den Marktplatz zum Neustädter Rathaus 1944

Paradiesgasse

Vom Paradies in die Hölle – die Zerstörungen 1945

Das Rathaus ist im Rohbau fertiggestellt 1964

Der Blick durch die Paradiesgasse 1984

Das Rathaus wird renoviert 2019

Das Haus ‚Lossow' am Neustädter Marktplatz nach Bombentreffer 1944

Der Handel kann fortgesetzt werden 1954

Private Wiederaufbauleistung am Hause ‚Lossow' 1953

Das Fachgeschäft ‚Western Store' 1984

Delikatessen, erlesene Weine, Kaffee, Gewürze und schon immer Zigarren gab es in der Feinkosthandlung ‚Lossow' an der Ecke Lindenstraße 1937

Das Wohn- und Geschäftshaus 2019

Die Wallonisch-Niederländische Doppelkirche, von Glaubensflüchtlingen Anfang des 17. Jahrhunderts gebaut, dominierte die Silhouette der Neustadt 1937

Bis auf die Grundmauern ausgebombt und verbrannt 1945

Das zerstörte Gotteshaus mit dem ehemaligen wallonischen Teil der Doppelkirche 1945

Der Wiederaufbau des achteckigen kleineren Teils der Kirche 1958

… Neugestaltung des Platzes um die Kirche 2019

Die Westseite des Platzes an der Wallonisch-Niederländischen Kirche mit dem ‚Stadtgarten' 1937

... gegenläufig nach Norden geblickt 1944

Die Westseite nach den Zerstörungen 1945

Wiederaufbau eines kompletten Wohnquartiers um die Doppelkirche 1950

Die Westseite des Quartiers Französische Allee 1976

... die Hauszeile kurz vor ihrem Abriss 2011

Der Neubau auf der Westseite des Platzes 2019

Die Nordseite des Neustädter Marktplatzes mit Rathaus (Mitte) und Weihnachtsmarkt 1938

Blick über den Markplatz und das Rathaus nach Norden 1945

Das Rathaus wird als Solitär wieder aufgebaut 1957

Marktplatz mit Rand-Westbebauung (Kaffeehaus und Kiosk) und Rand-Ostbebauung (Bushaltestelle) 1980

Das Rathaus wird saniert und modernisiert 2019

Die Westseite des Platzes / Ecke Krämerstraße mit den Resten der ehemaligen Hof-Apotheke 1945

Die Hof-Apotheke ist wieder offen – das alte Portal im Neubau eingepasst 1958

Die Westseite mit Hof-Apotheke und ‚Tchibo'-Kaffeehandel 1984

Das Eckhaus mit Hof-Apotheke 2019

Westbebauung / Ecke Krämerstraße mit Hof-Apotheke, Verkehrsbüro und Bäckerei in barocker Architektur mit einem der ehemals vier Marktbrunnen 1938

Omnibus
Hof Apotheke.
VERKEHRSVEREIN
Bäckermeiſter
HOF APOTHEKE
BAYER
ARZNEI-MITTEL

Südseite des Platzes mit Blick zur Paradiesgasse und Wallonisch-Niederländischen Doppelkirche um 1930

Die wiederaufgebaute Südseite mit der Tiefgaragen-Einfahrt 1967

Den Brüdern Grimm über die Schulter geschaut – nach der Paradiesgasse 1976

Ein Marktbrunnen blieb erhalten – Blick zur Südseite 2019

‚Erbsensonntag' auf dem Paradeplatz 1940

Aufmarsch auf dem Neustädter Marktplatz zum NS-‚Tag der Bewegung' 1938

Die ‚Flieger HJ' (Hitlerjugend) tauft ihr neues Segelflugzeug auf den Namen ‚Hanau I' 1941

Luftschutz-Lehrgang für städtische Angestellte 1941

Sammlung für das ‚Winterhilfswerk' (WHW) 1942

Öffentliche Versteigerung von jüdischem Hausrat 1942

Verkauf von gebasteltem Spielzeug der Hitlerjugend 1943

‚Trümmerfrauen' sortieren wiederverwendbare Ziegelsteine 1946

Trümmerbahn auf dem Neustädter Marktplatz 1946

‚Trümmerfrauen' im Einsatz 1949

Die Trümmer-Lorenbahn der Fa. Fey rollt auf dem Marktplatz ein 1946

Schutt wird auf dem Freiheitsplatz zur Sortierung gelagert 1946

Trümmer- und Schuttentsorgung in der Hospitalstraße 1949

Eine Lore nach der anderen wird beladen und aus der Stadt transportiert 1949

Blatt 1

Hanau, den 2o. März 1945.

Gefallene Personenen durch Terrorangriff am 19.3.45.

Geborgen am 2o.3.45 in Hanau, Kirchstraße 1.

1. Nr. 4o1 Fritz Zeiger, etwa 6o Jahre, Kirchstr.1 136/1950
2. Nr. 4o2 Käthe Zeiger, geb.Dreuth, 55 Jahre, Kirchstr.1

Geborgen am 2o.3.45 in Hanau, Nürnbergerstr.28 24

1. Nr.451 Schneider Braun sen., wohnh. Salzstraße
2. Nr.452 Tilla Pforr geb.Gundlach
3. Nr.453 Eveline Pforr (Tochter) etwa 6-7 Jahre alt
4. Nr.454 Frau Lotte Huth, Nürnbergerstraße
5. Nr.455 Unbekannte Frau (dunkler Mantel mit Pelzbesatz, blaues Kleid, karierter Schal)
6. Nr.456 Kurt Klingler, geb.28.8.19o9 in Hanau
7. Nr.457 Kind Achim Klingler
8. Nr.458 Elisabeth Höflein, Frau
9. Nr.459 Unbekannter Mann, 25-3o Jahre, graue Hose, brauner Pullover stahlblaue Jacke (verm. Pforr sen.)
1o. Nr.46o Paul Vogel, Juwelier, geb. 6.3.1886 in Hanau
11. Nr.461 Unbekannte Frau, linker Arm und Untergelenk im Gipsverband
12. Nr.462 Liesel Klingler, Ehefrau
13. Nr.463 Frl.Schneider * 21.6.1923
14. Nr.464 Frau Auguste Rettig
15. Nr.465 Karl Jost, etwa 5o Jahre alt
16. Nr.466 Frau Luise Vogel, Nürnbergerstr.24
17. Nr.467 Frau Elise Fuchs
18. Nr.468 Frau Amalie Braun, geb.Ahls, geb.2.5.1911 Hanau, wohnh.Salzstr.
19. Nr.469 Kind Otto Braun, 7 Jahre alt , Salzstr.
2o. Nr.47o Frau Luise Braun, geb. 19o5
21. Nr.471 Kind Hildegard Braun, geb.1936
22. Nr.472 Hans Matthes, 27.Jahre alt aus Chemnitz, zuletzt wohnhaft Frankfurt/M. -Bockenheim, Kaufingerstr.23
23. Nr.473 Frau Helene Müller, wohnhaft Rosenstr. 2
24. Nr.474 Unbekannte Frau (mit 3 Ringen)
25. Nr.475 Unbekannte Frau (mit 2 Ringen)
26. Nr.476 Unbekanntes Fräulein oder junge Frau
27. Nr.477 Karl Fuchs (Grenzschutz)
28. Nr. 478 Fräulein Irene Müller
29. Nr.479 Kind Heilmann, etwa 1-2 Jahre alt
3o. Nr.48o Unbekannte Frau , etwa 45-5o Jahre alt Baak
31. Nr.481 Unbekannte Frau, (nur mit Unterwäsche bekleidet) Heilmann Baak
32. Nr.482 Unbekannte Frau, vermutlich Frau Guttmann oder so ähnlich (2 Ringe) G
33. Nr.483 Unbekannte Frau, vermutlich Frau Pforr, Salzstr. wohnhaft
34. Nr.484 Frau Kalis, wohnhaft Salzstr.
35. Nr.485 Albert Kalis, Ehemann, wohnhaft Salzstr.
36. Nr.486 Unbekannter Junge, etwa 15-17 Jahre alt, graue Hose, grauer Mantel, graue Jacke, grauer Pullover Braun
37. Nr.487 Unbekannte Frau, (mit Unterwäsche und rötlichem karierten Mantel und rote Halbschuhe (Lotte Meisel geb. Jost)?
38. Nr.488 Fritz Meisel, (1 Geldbörse)

Totenbergung

Erste Seite der Liste der Bombenkriegsopfer vom 19. März 1945 (Stadtarchiv Hanau)

Die Leichen-Bergungstrupps durchsuchten Flurstück um Flurstück 1945

Leichenbergung 1945

Für die sterblichen Reste der umgekommenen Menschen genügte meist eine kleine Kiste 1945

Reste einer Straßenlaterne
unweit der Ruine
der Wallonisch-Niederländischen
Kirche 1946

Schattenwurf des
Gerechtigkeitsbrunnens
am Aufgang zur Ruine
des Deutschen
Goldschmiedehauses 1946

Wiedereröffnung der Nürnberger Straße 1949

Das Kaufhof-Warenhaus öffnet und ist sofort Kundenmagnet 1949

Das Handelshaus Wiedersum in der Langstraße kurz vor seiner Eröffnung 1949

Handwerk: Bäckerei Wenzel in der Schnurstraße 1949

Der erste Film im Central-Kino 1949

Radio-Krick eröffnet seinen neuen Laden in der Nürnberger Straße 1949

Gastwirt Filber empfängt seine Gäste in der Baracke ‚Enzian-Sepp' in der Marktstraße 1950

Die Brauerei ‚Nicolay' wünscht frohe Weihnacht an der Ecke Römerstraße / Lindenstraße 1950

Soldaten der US-Army eröffnen im Schlosspark einen Spielplatz und geben nachher Kakao an die Kinder aus 1950

Marktplatz Ostseite mit Blick in Fahrstraße zur Ruine des Deutschen Goldschmiedehauses 1951

Flüchtlinge werden vom DRK am Hauptbahnhof versorgt 1951

Kleiner Handel – Kiosk an der Goethestraße / Ecke Frankfurter Landstraße 1951

Notquartier für Flüchtlinge im Hanauer Norden 1952

Anfahrt zum ersten Lamboyfest nach dem Krieg 1952

Das erste Hanauer Bürgerfest wird als Dankesfest für den Wiederaufbauwillen der ganzen Stadt gefeiert, hier Turnvorführungen im Schlosspark Philippsruhe 1958

Erstes Bürgerfest im August 1958